Les Concerts du dimanche et les Maîtres symphonistes - Beethoven, Berlioz, Richard Wagner

Édouard Schuré

1884

Édition : BoD · Books on Demand, 31 avenue Saint-Rémy, 57600 Forbach, bod@bod.fr
Impression : Libri Plureos GmbH, Friedensallee 273, 22763 Hamburg (Allemagne)
ISBN : 978-2-3225-5047-0
Dépôt légal : Mars 2025

LES

CONCERTS DU

DIMANCHE

ET LES

MAITRES SYMPHONISTES

BEETHOVEN, BERLIOZ, RICHARD WAGNER.

Berlioz raconte dans ses *Mémoires* qu'aux environs de 1830 un employé du ministère des beaux-arts le prit à part en lui disant : « Qu'est-ce donc que ce Beethoven? Tout le monde en parle, et pourtant il n'est pas de l'Institut. » On serait tenté de rire beaucoup de ce pauvre employé si l'on ne savait, d'autre part, qu'en 1812 le grand Weber écrivait, après avoir entendu la symphonie en la cette phrase stupéfiante : « Beethoven est aujourd'hui mûr pour les petites-maisons. » L'employé n'était qu'ignorant ; l'auteur du *Freischütz* blasphémait-il par jalousie ou par étroitesse? Et Berlioz! que ne dut-il pas entendre sur son propre compte dans sa longue et tragique carrière! Compris de quelques initiés, il passait pour un fou aux yeux du grand nombre. Mais si les vivans de génie n'avancent qu'à grand'peine, les morts vont vite. Aujourd'hui tout est bien changé. Beethoven est aussi connu, aussi applaudi en France qu'en Allemagne, et l'on a enfin rendu Justice au plus grand musicien français. Ce progrès considérable a sa raison évidente : il est dû à ces grands concerts du dimanche après-midi qui, depuis plus de vingt ans, ont fait l'éducation du public parisien. Déjà l'exemple rayonne en province. Lyon, Marseille, Bordeaux, Clermont, Nantes, Angers, une série d'autres cités ont fondé des concerts populaires. Il n'y aura bientôt plus, en France, de ville importante qui ne se donne le plaisir d'entendre tous les hivers les chefs-d'œuvre classiques.

Il y a là comme une institution nouvelle qui vaut la peine d'être étudiée. Elle a déjà produit une transformation complète du goût musical et nous prépare, dans un avenir prochain, une régénération du sens esthétique dans les couches profondes de la société. Ce que le Conservatoire ne pouvait pas faire : populariser la grande musique classique, les concerts populaires l'ont accompli avec une rapidité surprenante. Nous sommes loin de médire de la Société des concerts. Quiconque a pénétré dans cette salle de choix d'une acoustique merveilleuse, où chaque son s'harmonise avec l'ensemble et vibre avec sa valeur, où chaque exécutant est un artiste de premier ordre, a goûté un plaisir exquis et unique. Très diverse est l'impression que nous donne un de ces grands concerts populaires, au Cirque d'Hiver par exemple. L'acoustique est inférieure, l'exécution moins parfaite; mais ce cirque immense, peuplé de quatre à cinq mille personnes, a quelque chose de grandiose qui fait penser au théâtre antique. Ce public est naïf et sincère ; ses mouvemens d'enthousiasme ou de réprobation sont bruyans et spontanés. On sent passer là sur sa tête la grosse vague de l'émotion populaire dont on n'avait là-bas que le remous canalisé. Tous les rangs de la société sont représentés dans cette foule. Au parterre, on a souvent vu l'élite des juges et des délicats. C'est là que ce malheureux et grand Berlioz vint, dans la dernière année de sa vie, écouter son septuor des *Troyens*. Presque mourant, on le vit sangloter sous un tonnerre d'applaudissemens, tardif hommage du grand public français. Sur les gradins s'étagent, se mêlent toutes les classes ; aux troisièmes galeries, l'étudiant du quartier Latin coudoie l'ouvrier. Et tout ce monde pressé, attentif ouvre son oreille au premier coup d'archet de l'orchestre comme à une révélation délicieuse.

Si nous comparons l'atmosphère morale qu'on respire dans ces concerts à celle de la plupart de nos théâtres, nous la trouverons infiniment plus pure et plus élevée. Chacun de nous avouera que ce qui nous amène dans ceux-ci est surtout un besoin fiévreux de distraction. Tantôt nous cherchons un divertissement à tout prix, tantôt une émotion violente et malsaine. Le grand Opéra, avec son public d'abonnés de toutes les nations, devient un salon du *high life* d'Europe et d'Amérique où l'on cause plus que l'on n'écoute. Mais le public des Concerts populaires peut s'appeler véritablement un public de dimanche. Il vient chercher là une édification, un confort pour l'âme, un air meilleur. Dans cette masse humaine compacte, vous trouverez de ces faces songeuses, poètes inconnus de la foule et peut-être d'eux-mêmes qui s'abandonnent ici à leur rêve. Vous y trouverez des âmes pieuses et inquiètes, fatiguées de leur église étroite et avides de communiquer avec l'humanité vivante. Vous y verrez des penseurs las de leur pensée qui retrouvent dans cette foule vibrante une sorte d'émotion religieuse et qui demandent aux accens de la grande musique un souffle de l'*au-delà* perdu. Généralement c'est dans la foule que l'homme se sent le plus seul. Ici, dans le recueillement profond de chacun au dedans de lui-même, il se produit comme une communication instantanée et mystérieuse de chacun avec tous.

Il m'est arrivé plus d'une fois d'observer ce singulier phénomène au Cirque d'Hiver. Un jour, c'était par une sombre après-midi de février, on jouait l'*andante con moto* de la *Symphonie en ut mineur*. Au thème d'une mâle tristesse, attaqué par les violoncelles, répond une courte phrase des instrumens à vent qui descend comme une larme céleste sur la souffrance humaine. Tout le morceau se compose de questions et de réponses, d'une alternative d'abattement et d'énergie renaissante, de sombre rêverie et d'espérance impétueuse, qui en fait une sorte de lutte entre la douleur et la puissance consolatrice et lui prête l'intérêt palpitant d'une psychologie notée. Vers la fin, la mélodie tourne au mineur, se brise dans une sorte de clair-obscur et semble vouloir s'éteindre dans une palpitation mourante, lorsque tout d'un coup, après un rebondissement des instrumens à cordes, elle s'élance à l'octave et entraîne tout l'orchestre dans un chant de triomphe. À ce moment, un rayon de soleil perçant les hautes fenêtres glissa dans la salle et se joua avec toutes les couleurs du prisme dans les lustres suspendus sur cet entonnoir de cinq mille têtes. Un frémissement léger fit le tour de l'amphithéâtre. Il semblait réellement que, dans cette minute, le rêve du maître, la vision d'une sorte de Prométhée consolé par les pleurs d'un ange-femme, d'un génie de lumière, se fût réalisé pour cette foule.

Exprimer le monde intérieur, donner au sentiment l'intensité d'une apparition, rendre visible l'invisible, voilà le triomphe de la musique instrumentale.

I.

Mais, avant de la suivre dans ses modes divers, avant d'aborder les maîtres de la symphonie, rendons justice à ceux qui nous les ont fait connaître si largement.

La palme revient à M. Pasdeloup, qui a le mérite de la priorité. C'est à son initiative, à son intelligence, à son courage que nous devons la nouvelle institution. Mes souvenirs ne remontent pas jusqu'à la fondation des Concerts populaires, mais nombre de personnes qui leur sont demeurés fidèles pendant vingt-cinq ans se la rappellent comme un événement. De bons musiciens avaient tenté inutilement la même œuvre. Le public n'était-il pas encore préparé, ou l'habileté pratique faisait-elle défaut à ces novateurs? Le fait est que M. Pasdeloup a réussi le premier. Selon nous, il doit son succès à trois qualités qui se trouvent rarement réunies : enthousiasme, souplesse et fermeté. La tâche n'était pas facile. Ce ne fut que peu à peu qu'il parvint à gagner, à dompter et finalement à éduquer ces foules houleuses. Dans les commencemens, il avait à lutter avec l'esprit gouailleur du Parisien et avec l'ignorance de son public. Mais le mérite de ce public était dans cette ignorance même. Elle donnait à ses impressions une vivacité extrême, une sincérité amusante, le charme de l'imprévu. Ce fut Haydn d'abord qui eut le don de lui plaire; cette limpidité, cette gaîté d'enfant amadoua son oreille. Ses faveurs passèrent ensuite à l'élégant, au séduisant Mozart et enfin au grand Beethoven. Mais, pour amener son public turbulent au temple de la symphonie, M. Pasdeloup dut avoir recours à plus d'un subterfuge, à plus d'une ruse savante. Il fallait saupoudrer les programmes de morceaux friands, « mêler le grave au doux, le plaisant au sévère, » racheter le grand sérieux de la *Symphonie héroïque* par un menuet de Boccherini ou par les jongleries éblouissantes d'un violoniste virtuose. Ce fut bien autre chose quand l'infatigable chef d'orchestre essaya de jouer du Berlioz et du Wagner. Ces harmonies nouvelles sonnaient étrangement, et de formidables préjugés indisposaient le public contre ces nouveautés. Ce furent des cris, des huées, des orages de sifflets. Deux partis s'étaient formés dans la salle ; la gaminerie et la gageure s'en mêlaient. Quelquefois l'épouvantable charivari commençait sur le pianissimo du prélude de *Lohengrin* et couvrait complètement l'orchestre. M. Pasdeloup ne se décourageait pas; il continuait bravement. Un jour, les pauvres musiciens perdirent la mesure sous la bourrasque et l'on dut s'arrêter court. Sans se troubler, M. Pasdeloup s'avança sur le bord de l'estrade et dit : « Messieurs, je reprendrai le morceau à la fin du concert ; que ceux qui ne veulent pas l'entendre s'en aillent. » Cette fermeté s'imposa ; toutes ces œuvres, accueillies jadis par les protestations les plus violentes, sont aujourd'hui saluées par des applaudissemens frénétiques.

M. Pasdeloup était seul sur la brèche depuis plus de dix ans, lorsque M. Colonne se mit à la tête de la Société nationale. Si M. Colonne n'avait pas autant d'initiative que M. Pasdeloup, il apportait à son œuvre les capacités d'un musicien consciencieux et d'un excellent directeur qui tient toujours son orchestre dans sa main. Ce Berlioz, que M. Pasdeloup avait déterré, il s'en empara, en fit sa chose, en donna des exécutions remarquables auxquelles ne manquaient que des chœurs mieux fournis. Le succès de *la Damnation de Faust* marqua la grande vogue de M. Colonne. Il eut aussi le mérite de faire une large part à la jeune école française, qui avait déjà trouvé bon accueil au Cirque d'Hiver, Ajoutons que l'Association artistique avait été fondée dans le dessein spécial et on ne peut plus louable de fournir une arène aux musiciens de notre pays.

Le Châtelet et le Cirque-d'Hiver rivalisaient depuis plusieurs années avec des salles combles, lorsque, il y a deux ans, M. Lamoureux fonda les Nouveaux Concerts au théâtre du Château-d'Eau. M. Lamoureux est un chef d'orchestre de premier ordre. Rien ne lui manque. Il connaît, il comprend la musique à fond ; il l'adore et, chose plus précieuse encore, il dirige avec une autorité absolue. Il a l'énergie et la mesure. Au feu sacré il joint l'empire sur les autres qui se proportionne à l'empire qu'on a sur soi. Aussi, comme ce cheval capricieux qui s'appelle l'orchestre lui obéit ! Le fougueux animal est docile aux maîtres qui savent le presser et le retenir à point, qui l'entraînent ventre à terre, mais, calmes eux-mêmes, gardent les rênes en main. M. Lamoureux, à la tête de ses musiciens, nous rappelle ces cavaliers de l'Ukraine qui lancent leur cheval au triple galop dans la steppe et l'arrêtent du coup. Du moins, sa sûreté nous donne-t-elle cette impression. Par son habitude de diriger au Conservatoire, par sa longue pratique de la musique religieuse, le directeur des Nouveaux Concerts était à même de nous fournir une exécution supérieure. Il représente en quelque sorte le Conservatoire se faisant populaire, voulant donner à l'élite du grand public flottant les jouissances aristocratiques de la rue Bergère, dans une enceinte plus vaste. On assure même que certains habitués ont déserté la chapelle fermée pour l'église ouverte et préfèrent les interprétations du Château-d'Eau à celles du Conservatoire lui-même. Ils trouvent à M. Lamoureux plus de jeunesse, plus de flamme, avec presque autant de fini dans l'exécution.

Bref, voici trois grands concerts populaires, rivalisant avec honneur dans Paris. Chacun d'eux a sa raison d'être, sa destination spéciale, son public. Le besoin grandissant d'harmonie qui est comme le contrepoids de notre fièvre moderne suffit pour remplir les trois salles. Il y en a même une quatrième et ce ne sera pas la dernière.

Cette large place prise par la musique instrumentale dans notre vie nous invite à fixer un instant nos regards sur trois grands maîtres de la symphonie : Beethoven, Berlioz et Richard Wagner. Ces trois puissantes individualités s'imposent à nous les premières, car ce sont celles qui ont le plus charmé, passionné et divisé le public. Simples auditeurs des concerts, nous chercherons à deviner la nature diverse de leur génie à travers les fragmens entendus. Plus qu'aucun autre artiste, le musicien met le fond de son être dans son œuvre. Et peut-être nous sera-t-il plus facile de les évoquer et de les pénétrer en les laissant agir sur le sens visionnaire qui s'éveille en chacun de nous aux sous de la musique et qui tente involontairement de traduire le rêve de l'âme.

II.

En 1810, Beethoven, à l'apogée de sa gloire, mais sourd, triste et accablé de son isolement, était assis devant son clavier, lorsqu'il sentit deux mains légères se poser sur ses épaules. Il se retourna, l'œil flamboyant de colère. Mais il aperçut une charmante jeune fille dont les yeux, pleins d'admiration et de coquetterie, lui souriaient. Le visage du maître se radoucit. « Je m'appelle Bettina Brentano, » dit-elle. Et lui pour toute réponse : « Voilà ce que je viens de composer, dit-il, voulez-vous que je vous le chante ? » Et il se mit à entonner une mélodie sur les vers de Goethe : « Connais-tu le pays où les citronniers fleurissent ? » Lorsqu'il eut fini, il la regarda de nouveau. La jeune fille avait les joues empourprées ; ses yeux brillaient d'enthousiasme. « Ahl dit Beethoven, vous êtes de la race des artistes, mon enfant. L'artiste véritable ne pleure pas, mais il est brûlant d'enthousiasme ! » La connaissance était faite.

Quelques jours après, Bettina écrivait à son ami Goethe : « Lorsque je vis pour la première fois celui dont je veux t'entretenir, l'univers entier disparut à mes yeux. C'est de Beethoven que je vais te parler, c'est lui qui m'a fait oublier le monde et toi-même, ô Goethe !.. Je ne crois pas me tromper en assurant que cet homme est de bien loin en avance sur la civilisation moderne. Le rejoindrons-nous un jour? il est permis d'en douter. » Le poète répondit: « Dites à Beethoven mille cordialités de ma part et qu'il sache bien que je ferais volontiers un sacrifice pour lier connaissance avec lui. Quant à lui apprendre quelque chose, ce serait pure prétention de ma part. Son grand esprit le guide et les éclairs de son génie lui montrent tout en pleine lumière, alors que nous sommes assis dans les ténèbres et que nous savons à peine de quel côté va se montrer l'aurore. »

Le Beethoven que Bettina avait sondé ce jour-là de ses yeux de jeune fille espiègle et enthousiaste, celui devant lequel Goethe s'inclinait de loin est bien ce révélateur de la musique instrumentale que salue la postérité. L'homme intime avec ses tristesses et ses joies s'est prodigué dans les sonates et les quatuors. On aime à retrouver dans ces épanchemens variés où l'art le plus fin ne nuit pas à la spontanéité, dans ces dialogues passionnés, dans ces monologues attendris, le pauvre grand homme qui eut des amies et des protectrices illustres, mais ni femme ni amante ; qui ne réussit à se faire aimer ni de la belle Giulietta Guicciardi, ni de la sémillante Thérèse Malfatti, ni de la blonde Amélie de Sébald; qui peut-être n'osa jamais se jeter dans les bras d'une fille d'Eve, afin de conserver cette virginité mâle qui, centuplant son ardeur, fut une des forces de son génie. Il est là avec ses accablemens, ses saillies, son *humour*, ses mélancolies noires et ses éternels rebondissemens[1], Mais dans les symphonies, quelle autre langue, quel style plus grandiose : la fresque après le tableau de genre, la trompette héroïque après le chalumeau. Là nous apparaît ce Beethoven qui lisait et relisait Homère, Plutarque, Shakspeare et Platon. Ici plus de faiblesse ; nous sommes en face d'un lutteur dont l'âme s'identifie avec les destinées de l'humanité; les orages roulent d'un bout à l'autre de l'univers, l'épopée de la vie pleure et jubile, et la musique se mesure avec l'infini. J'ai vu quelque part un plâtre du masque pris sur Beethoven après sa mort. Ce masque saisissant montre l'athlète en face de l'éternité, mais frémissant encore du combat de la vie. On regarde un instant, et le visage s'anime! Ces yeux flamboient de tendresse et puis de déjà, la bouche amère et ferme se plisse, le menton carré et solide se ramasse avec la ligne des lèvres; ces traits creusés par la douleur bravent tout, et sur la rondeur de ce vaste front se joue comme un reflet de la paix divine. Voilà le vrai Beethoven, le Titan de la symphonie.

Mais comment vint-il à créer ce genre qui marque une ère nouvelle dans l'histoire de la musique? Ce travail d'Hercule n'a été raconté dans aucun traité d'harmonie. La symphonie de Haydn n'est que la danse populaire harmonisée. Deux violens, un violoncelle, une flûte et un hautbois se rencontrent au coin d'un bois ; paysans et paysannes arrivent en riant, les instrumens partent et la danse se met en branle sur un vif *allegro*. Puis on chante ; les instrumens accompagnent la danse populaire sous forme d'*andante*. A cet intermède sentimental succède un menuet champêtre d'une grâce émoustillante, et le tout finit par une ronde générale. Voilà ce que Haydn avait vu dans son enfance, voilà ce qu'il exprime, ce qu'il varie et ce qu'il raffine dans ses symphonies, mais sans aller au-delà. Mozart y ajoute de l'émotion, de la passion même ; ses symphonies font penser à des marquises et à des grands seigneurs à perruque poudrée, non à des paysannes endimanchées ou à des campagnards en gaité; mais la coupe et le genre sont les mêmes. A son tour, Beethoven, dans ses deux premières symphonies, imite Haydn. Mais avec la *Symphonie héroïque* tout change. On a tort de tronquer sur les programmes le titre que Beethoven a donné lui-même à cette œuvre. Il l'avait appelée : *Symphonie héroïque pour fêter la mort d'un grand homme*. Mieux qu'aucun commentaire, ce titre précise l'intention de l'auteur en laissant à l'imagination son libre jeu. Dans cette symphonie d'un style si nerveux, la force, l'indépendance du maître éclatent. Brisant le vieux cadre, il se lance à la découverte. Ici Beethoven est lui-même ; il jette la guitare, et saisissant la grande lyre, il dit : Recommençons! Sur la trame compliquée d'une foule de motifs, un thème principal se développe, se transforme, traverse l'ensemble et va toujours grandissant jusqu'à la fin. Écouter cette musique, ce n'est plus s'abandonner au charme de la passion pure comme lorsqu'on écoute la grande sirène, la musique italienne; c'est suivre la pensée en travail. L'audacieuse nouveauté de ce procédé fit jeter les hauts cris à la *Gazette de Leipzig,* qui depuis en a vu bien d'autres. La *Marche funèbre* est digne de ce que Beethoven a écrit de plus grand; le reste n'a pas encore l'architecture grandiose, l'éloquence irrésistible des œuvres qui suivront. Ce coup d'essai, qui fut un coup de maître, marque le passage de la symphonie dansante au poème symphonique, genre nouveau, d'une immense portée, ouvrant des perspectives infinies et que le plus poète des musiciens a créé.

Beethoven était un libre penseur religieux, dont l'âme s'identifiait avec les forces de l'univers, mais qui, non content de ces ivresses, s'élançait par-delà et au-dessus vers la cause suprême, invisible, nécessaire du monde, vers Dieu. La disposition dans laquelle il travaillait nous est révélée par une confidence que nous rapporte Bettina. « La musique, lui disait-il, est une révélation plus sublime que toute sagesse, que toute philosophie. Dieu est plus proche de moi dans mon art que dans tous les autres. Il y a quelque chose en lui d'éternel, d'infini et d'insaisissable. C'est l'unique introduction incorporelle au monde supérieur du savoir, c'est le pressentiment des choses célestes. » Cette religion qui fut le nerf de sa vie, personne ne la lui avait enseignée. Elle lui venait de sa grande âme vierge, de son esprit droit comme un glaive, qui à travers tous les voiles, perçait jusqu'à la splendeur de la cause première. Cette religion ne ressemble ni au froid déisme du XVIIIe siècle, ni au panthéisme un peu flottant du nôtre; son spiritualisme traverse toutes les régions de la nature, vivifie tous les êtres et triomphe dans l'homme pour remonter à sa source divine. Le mystique noie l'homme en Dieu ; l'athée supprime Dieu en faveur de l'homme, qu'il croit grandir par là. L'âme synthétique de Beethoven voit en Dieu et en l'humanité deux termes corrélatifs dont le second grandit en force à mesure qu'il prend conscience du premier. C'est vers cette humanité virile, mais rajeunie et comme affranchie de ses misères par la conscience de son origine et de sa fin, qu'aspirent toutes les forces de son être. Ses grandes symphonies sont autant de poèmes gigantesques qui poursuivent ce rêve, s'en rapprochent d'étape en étape. La dernière, la neuvième, l'exprime et le réalise en joignant les chœurs à l'orchestre, la parole à la musique.

La magistrale *Symphonie en ut mineur* sonne déjà la diane d'un combat héroïque. Cette volonté puissante, qui frémit sous les coups de la destinée, et puis, en quelques bonds, se soulève et se dresse comme un géant pour lui opposer un défi superbe, cet *allegro* d'un jet si impétueux, avec ses accalmies subites suivies de magnifiques bouffées de révolte, nous communiquent tous les frissons d'une lutte ardente. On croirait que l'éloquence de la musique ne peut aller au-delà. Et cependant Beethoven ne s'arrêta pas. Génie de feu, penseur hardi, idéaliste insatiable, il cherchait ces âpres sommets où des horizons sans bornes se dévoilent, où l'ange du désespoir apparaît à l'homme pour lui montrer du geste l'abîme du néant sous le froid sourire de l'infini. Il brûlait de vaincre dans cette lutte et de conquérir par delà ces lieux terribles une certitude, une patrie et une humanité dignes de son grand cœur. On dirait que, pressentant l'ennemi de notre siècle, le spectre du pessimisme prêt à s'abattre sur l'esprit humain, il a voulu ceindre ses reins de bon lutteur et le terrasser. Cette fois-ci, le combat est à la vie, à la mort, car il nous montre l'homme en lutte avec la désespérance. Le puissant motif en *ré* mineur de l'*allegro maestoso* qui se dégage de la quinte arpégée en *la* mineur sort, comme un spectre gigantesque, d'un crépuscule où tremblent des éclairs sinistres. Ce démon porte sur sa face ces paroles : « Qui m'a vu perdre l'espérance ! » La lutte qui s'engage après ce début entre l'homme et le démon est longue, formidable, acharnée. Nous pensons involontairement à la lutte de Jacob avec l'ange, qui dura toute une nuit. Souvent un pâle rayon reluit, aube d'un bonheur lointain; mais, à chaque fois, l'ennemi la recouvre de son aile ténébreuse. L'homme recule et revient; le combat s'arrête et reprend. Attaque, résistance, effort sauvage, désir indicible, félicité presque saisie et de nouveau disparue, voilà les alternatives qui communiquent à cette musique une agitation sans trêve. A la fin, l'homme épuisé se laisse tomber à terre; le démon reste le maître. Alors une tristesse mortelle s'étend comme un voile funèbre sur toute la création, les astres pâlissent, l'azur noircit et l'ange du désespoir prend possession de l'univers.

Ni le mouvement sauvage du *presto* qui se précipite sur un rythme de tarentelle et qui, dans sa furie de plaisir, va jusqu'à la douleur, ni l'attendrissant adagio qui nous ramène aux souvenirs d'enfance, au regret de la foi naïve à jamais perdue, ne parviennent à effacer cette impression désolante. Il faut autre chose que de la musique pure, il faut un verbe nouveau, une parole de vie pour nous consoler et nous apporter une foi nouvelle. La conclusion commence donc par un véritable cri de désespoir de l'orchestre. Les contrebasses lui répondent par un récitatif impérieux qui prépare et annonce cette parole. La voix des instrumens ressemble ici à la voix humaine inarticulée essayant d'exprimer des sentimens d'un ordre nouveau, mais ne trouvant pas encore de mots pour les dire. L'orchestre reprend successivement les premières mesures des morceaux précédens. Chaque fois les contrebasses l'interrompent par une protestation énergique, comme pour dire : « Non, ce n'est pas cela! » Enfin, une voix humaine s'élève et dit ces mots d'une simplicité touchante : « Amis, laissons ces tristes accords et tentons des chants plus doux et plus joyeux! » À ces mots, la lumière se fait dans le chaos, le sentiment qui tressaillait timidement dans l'âme humaine éclate maintenant en pensée triomphale et l'hymne s'élance sur les grandes vagues de l'harmonie comme un navire porté par les flots de la mer. Enfin elle est trouvée la grande nouvelle, la parole victorieuse, et cette parole est la joie divine, la fille des cieux, ou plutôt la joie du divin retrouvé, ressaisi, embrassé, qui seule peut rendre les hommes frères.

La succession rapide des chœurs qui chantent l'hymne à la joie échappe à l'analyse. Nous assistons à une série d'explosions du sentiment qui se suivent coup sur coup. Ce n'est d'abord qu'un mélodieux murmure de voix de femmes ; elles s'essaient, elles balbutient ; on dirait la causerie familière de bienheureux qui se retrouvent et se saluent dans un monde plus beau. — Mais voici que cette même mélodie, reprise par des voix d'hommes, scandée sur un rythme de marche, résonne et brille d'un éclat guerrier. Elle chante les jeunes héros qui partent pour le combat. L'orchestre, devenu fougueux, salue leur départ et célèbre leurs exploits, car il ne s'agit que de la conquête des cœurs rebelles à la joie. Et après la victoire, quel transport ! Les voix montent, ruissellent en ondes magnifiques. — Puis, tout à coup un arrêt, un grand silence, suivi d'un recueillement profond. Sur ces paroles : « Prosternez-vous, millions d'êtres : sentez-vous le Créateur ? » nous entrons dans les arcanes du sentiment religieux. Les syllabes lentes de l'hymne à l'unisson expriment l'humble adoration, l'élévation de l'humanité tout entière vers Dieu, vers le souverain Créateur, — et, par-dessus ce chœur prosterné, à des distances infinies, nous percevons un scintillement d'étoiles dans les espaces sans fond.

Grande et profonde initiation de l'âme, dont elle sort régénérée. « Frères ! frères ! » Ces voix lointaines nous arrivent comme les appels mystiques d'une nouvelle Eleusis. Et dans l'hymne nouveau, où deux hommes et deux femmes entraînent la masse des chœurs, quelle suave allégresse ! quel parfum d'innocence retrouvée, fleur et floraison de la joie. Cet hymne succède à l'extase devant le Dieu des mondes et en a conservé le reflet. Les sentimens humains : amitié, sympathie, amour, y sont enveloppés dans le rayonnement d'une révélation supérieure qui les pénètre et les transfigure. Le groupe des heureux et des aimés apparaît dans une vive lumière, avec des gestes d'un abandon, d'une grâce divine. — Mais écoutez ce roulement de cymbales et ces mots haletans de l'hymne religieux, qui maintenant se précipite avec une vitesse décuplée : « Soyez embrassés, millions d'êtres ! ce baiser au monde entier ! » C'est le délire de la joie, c'est l'orgie du divin. Des voix jubilantes, des clameurs entrecoupées remplissent l'atmosphère, comme la foudre des nuées, comme les mugissemens de la mer qui, de leur mouvement éternel, de leurs secousses bienfaisantes, vivifient la terre. Mais, dans cet orage de voix humaines, surnage et se prolonge l'appel ailé : « divine étincelle ! ô joie ! ô joie ! »

L'effet unique produit par ces chœurs, dans leur succession en quelque sorte foudroyante, est de porter à un degré extrême l'exaltation de toutes les forces de la vie. Tout vibre, tout bouillonne à la fois; tout devient feu, sentiment, passion. Et, cependant, la pensée qui traverse cette œuvre nous permet d'y voir l'expression d'une religion et d'une philosophie. Beethoven a fait ici, en poète symphoniste, ce que Kant avait fait en métaphysicien lorsque, après avoir perdu son dieu dans le labyrinthe des antinomies, il le retrouve dans les profondeurs de sa conscience. Le grand voyage de Beethoven sur l'océan de l'harmonie aboutit à l'affirmation d'une fraternité humaine sous le souffle de l'Esprit infini, source de toute vie, de tout amour et de toute clarté. Cette religion ne ressemble ni au paganisme grec, ni au christianisme présent, encore assombri par les terreurs du moyen âge. Il y a là comme un mélange de la liberté antique avec la fleur de la charité et de la foi chrétiennes. La plus noble pensée religieuse s'y manifeste par un enthousiasme vraiment dionysiaque. Aussi ces chœurs ont-ils souvent secoué de leur torpeur les pessimistes les plus endurcis et fait entrevoir aux croyans de l'âme les splendeurs infinies des mondes supérieurs, l'aurore d'une nouvelle humanité. Selon nous, cette grande et hardie affirmation assure à Beethoven une place unique parmi les artistes modernes.

III.

Passons à l'autre grand symphoniste que les concerts du dimanche ont popularisé.

De tous les hommes de sa génération, y compris les littérateurs et les poètes, Berlioz nous semble le type le plus complet du romantique de 1830 </ref> On trouvera dans un livre récent : *Berlioz intime*, par M. Edmond Hippeau (Paris, Fischbacher), une étude très complète et très fouillée sur le caractère et la vie du maître dauphinois. L'auteur y relève certaines inexactitudes des *Mémoires* par la *Correspondance* et plusieurs documens nouveaux. Nous recommandons en particulier le chapitre intitulé : *le Roman*. L'histoire de la passion de Berlioz pour miss Smithson y est étudiée minutieusement, dans la vérité des faits. Elle s'émaille et s'entrecroise curieusement d'une autre aventure avec une pianiste célèbre, que l'auteur des *Mémoires* appelle Ariel, et qui devint après cette *distraction* (le mot est de Berlioz qui l'applique à lui-même) un personnage

21

fort connu et très bien posé dans le monde parisien. </ref>. Le romantisme, ce phénomène multiforme et multicolore qui n'a pas encore été défini et que nous appellerons faute de mieux, la prédominance de la fantaisie et de l'imagination sans frein dans l'art, le romantisme a eu ses précurseurs, ses théoriciens et ses prophètes, ses improvisateurs et ses mystiques, ses grotesques et ses triomphateurs. Ce qui rend Berlioz particulièrement intéressant, c'est qu'il en est l'incarnation convaincue et la victime tragique. Il a vécu le romantisme dans sa vie, et sa musique l'exprime avec une éloquence inouïe. Les fièvres, les exaltations, les fureurs que d'autres ont exploitées comme des objets de luxe ou des jouets de théâtre furent pour lui de séduisantes et de terribles réalités. Sorti d'une famille bourgeoise du Dauphiné, il se fait musicien contre le gré de ses parens et lutte toute sa vie pour l'existence. Toujours dans la gêne, il rêve des passions extrêmes, des triomphes gigantesques et se livre aux premières sans atteindre les seconds. A l'âpre travail de l'artiste il mêle perpétuellement les effervescences d'un cœur ou plutôt d'une imagination ardente et d'une sensibilité folle. A chaque passion nouvelle il croit saisir sa chimère avec la sincérité du don Juan de Musset. Courant ainsi de déception en déception, il arrive à une vieillesse désolée, pour mourir désespéré dans un profond isolement moral.

Il y a un mélange de René et d'Hamlet dans cette nature grandiose, mais désordonnée. La lutte des passions immesurées y produit le doute universel. L'enfant de la côte

Saint-André, amoureux fou à douze ans d'une jeune fille de dix-sept qu'il appelle *Stellamontis,* est bien une sorte de René méridional et volcanique qui, au lieu des côtes de Bretagne, a les alpes du Dauphiné pour horizon. Lui aussi éprouve « le vague des passions au sourd mugissement de l'automne. » Il trouve en lui-même « une aptitude prodigieuse au bonheur qui s'exaspère de rester sans application et qui ne peut se satisfaire qu'au moyen de jouissances immenses, en rapport avec l'incalculable surabondance de sensibilité dont il est pourvu. » Sa sensibilité nerveuse est extrême. Le vent qui gémit dans les combles de la maison l'oppresse et le trouble par ses bruits *ossianiques,* « La fantastique harmonie d'une harpe éolienne balancée au sommet d'un arbre par une de ces journées sombres qui attristent la fin de l'année » lui donne des idées de suicide. Les beaux paysages, les hautes cimes, les grands aspects de la mer le rendent muet, le frappent jusqu'à l'écrasement. En voyant dans le Harz le lieu de la scène du sabbat, il écrit à son ami Ferrand : « Je ne vis jamais rien de si beau ! l'émotion m'étranglait. » Plus violent encore est l'effet de la musique sur cette organisation. Les artères battent avec violence, les larmes débordent, les muscles ont des contractions spasmodiques, les membres s'engourdissent. « Je n'y vois plus, j'entends à peine, vertige, demi-évanouissement. » Voilà pour la bonne musique; si elle est mauvaise, fureurs d'indignation et envies de vomir. M. Legouvé l'aperçut dans un de ces accès de rage, au parterre de l'Opéra. « Je m'étais retourné et je vois à mes côtés un jeune homme tout tremblant de colère, les mains crispées, les yeux étincelans, et une coiffure!.. Non, un immense parapluie de cheveux qui surplombait en auvent mobile au-dessus d'un bec d'oiseau de proie. C'était à la fois comique et diabolique. » Comme les Chateaubriand et les Obermann, Berlioz a le goût inné du vagabondage poétique et le garde jusque dans ses vieux jours. Il veut la liberté. « Liberté de cœur, d'esprit, d'âme, de tout; liberté de ne pas agir, de ne pas penser même, liberté d'oublier le temps, de mépriser l'ambition, de rire de la gloire, de ne plus croire à l'amour, liberté de marcher en plein champ et de vivre de peu, de vaguer sans but, de rêver, de rester gisant, assoupi des journées entières : liberté vraie, absolue, immense! » Voilà son *Credo*. Aussi, pendant son séjour à Rome, comme il s'en va par les montages sabines, en vrai tzigane, fusil au dos et guitare en bandoulière ! Chemin faisant, il improvise d'étranges mélopées sur les vers de l'*Enéide* et fait danser les filles des Abruzzes aux sons de sa musique.

Un tel homme a la haine de la vie commune, a de la vie en prose. « Il voudrait « le grand bonheur ou la mort, la vie poétique ou l'anéantissement. » Lorsqu'il vit Henriette Smithson jouer Ophélie et Juliette, il reçut la plus grande commotion de sa vie. L'art et l'amour le frappaient du même coup. « Shakspeare, en tombant ainsi sur moi à l'improviste, me foudroya. Son éclair, en m'ouvrant le ciel de l'art avec un fracas sublime, m'en illumina les plus lointaines profondeurs. » L'amour dont il s'enflamma pour l'actrice n'était pas moindre. « Dès le troisième acte, respirant à peine et souffrant comme si une main de fer m'eût étreint le cœur, je me dis avec une entière conviction : « Ah ! je suis perdu ! » Dans toutes ses passions amoureuses, — et il en eut plusieurs encore, quoique celle-ci ait été la grande, — c'est la même éruption volcanique. Le paroxysme du désir lui arrache des cris comme celui-ci : « Puissent les peuples s'entr'égorger ! puisse Paris brûler, pourvu que j'y sois, et, la tenant dans mes bras, nous nous tordions ensemble dans les flammes! » Quelques instans après, il désire « la mort rêveuse et calme, » suivant la belle expression de Moore. Toujours il se précipite d'un extrême à l'autre. « En lui nulle modération, dit fort justement M. Hippeau; il va sans transition de l'amour à la haine ; celui-ci est de l'enivrement, celle-là de la fureur. La joie est effrénée, le désespoir est immense, et l'un succède à l'autre au même instant. L'accablement terrible suit de près l'enthousiasme débordant. C'est plus que de la sensibilité, c'est une sorte d'exaspération sentimentale. »

De ce genre de vie, de cet état d'âme ressort le doute universel et la suprême désespérance. Le pessimisme, ce grand mal de notre siècle, naît rarement de la pensée pure et de la spéculation philosophique. Chez la plupart des hommes, il prend sa source dans les déceptions de la vie, dans les grands malheurs ou dans le désordre des passions. Dans le philosophe, il naît de l'orgueil de la pensée; dans l'artiste, de l'excès de désir. Berlioz n'a guère connu que ce dernier; mais il revêt chez lui les teintes les plus noires.

Dans ses œuvres critiques et fantaisistes, confessions on ne peut plus attachantes, on surprend le dialogue tragique de l'âme lassée avec elle-même. D'abord la négation dans toute son énergie : « Je pense que tout passe, que l'espace et le temps absorbent beauté, jeunesse, amour, gloire et génie, que la vie humaine n'est rien, la mort pas davantage, que les mondes eux-mêmes naissent et meurent comme nous, que tout n'est rien. » Mais l'âme et la raison protestent toutes les deux contre le néant. « Et pourtant, continue le Hamlet musicien, certains souvenirs se révoltent contre cette idée, et je suis forcé de reconnaître qu'il y a quelque chose dans les grandes passions admiratives comme aussi dans les grandes admirations passionnées. » L'ivresse de l'amour partagé lui arrache une prière : « En de pareils instants, dit-il, l'athée lui-même entend au dedans de lui s'élever un hymne de reconnaissance vers la cause inconnue qui lui donna la vie. » Mais, tout aussitôt, la douleur aiguë, le doute absolu le reprend : « Oui ! oui ! s'écrie-t-il, tout n'est rien ! tout n'est rien ! Aimez ou haïssez, jouissez ou souffrez, admirez ou insultez, vivez ou mourez, qu'importe tout? Il n'y a ni grand, ni petit, ni beau, ni laid; l'infini est indifférent! l'indifférence est infinie ! »

Cette inégalité violente, ce dégoût furieux, se traduisent chez lui, absolument comme dans Hamlet, en raillerie, en satire sanglante, en ironie implacable qu'il tourne souvent contre lui-même. On retrouve ce rire amer, parfois cruel, dans ses écrits comme dans sa musique. L'humoriste guette sous l'exalté. L'artiste enthousiaste est doublé d'un mystificateur glacial. Pour se moquer du librettiste, il transcrit les paroles de *la Juive* sur l'air de *Maître Corbeau*. Il trouve un malin plaisir à donner un concert avec un faux programme, et quand les « bourgeois » applaudissent à outrance de l'Offenbach qu'ils prennent pour du Weber, son œil s'allume d'une joie méphistophélique. Sa verve est endiablée, sa fantaisie étourdissante; il allie l'humour enragé d'un Swift au plus fin sel gaulois. Mais il nous avoue qu'en tirant ces feux d'artifice, il est souvent d'humeur lugubre et que, s'il affecte de rire, c'est « pour ne pas tourner l'œil. » Avec cela, artiste probe, honnête, loyal, infatigable, absolument désintéressé, généreux, mais n'oubliant jamais une injure, réalisant, en somme, le type du romantique qui veut mettre par force le roman dans la vie, l'idéal dans la réalité, ayant la foi inébranlable dans l'art, mais dépourvu de philosophie : nature ardente, excessive, volcanique. « Les cœurs de lave sont durs, dit-il, le mien est rouge fondant. » Oui; tant que le cratère bout, quels torrens de flammes; mais lorsqu'il s'éteint, que de noires scories! la triste fin d'un si grand artiste! O la mélancolique épitaphe qui conclut ses Mémoires ! C'est le mot de Macbeth lorsqu'il se sent perdu : « La vie n'est qu'un ombre qui passe, un pauvre comédien qui, pendant une heure, se pavane et s'agite sur le théâtre et qu'après on n'entend plus. »

Nous entendons toujours Berlioz, car son âme nous par le dans ses œuvres immortelles, incapable de bonheur et d'apaisement, elle se prêtait merveilleusement à l'expression des passions romantiques. Coloriste fougueux, il a porté la musique instrumentale à son dernier degré d'intensité et de violence. Rien du dramaturge en lui, car le drame suppose l'empire absolu du poète sur les passions qu'il manie, sur les caractères, dont il s'érige en providence. Berlioz est dominé par les passions qu'il déchaîne, subjugué par les caractères dont il s'éprend. Il se monte alors, il s'exalte, il chante dans un délire sublime. Ce lyrique à tous crins n'a pas les visions transcendantes de Beethoven, il ignore également la psychologie fouillée et la science dramatique d'un Wagner. Mais quel maître incomparable dans l'expression de la passion pure!

Son tempérament d'artiste éclate sans gêne ni frein dans la *Symphonie fantastique* cette œuvre de jeunesse qui exprime si bien l'amour en 1830. « L'auteur suppose, dit Berlioz dans son programme de 1832, qu'un jeune musicien, affecté de cette maladie morale qu'on appelle le vague des passions, voit pour la première fois une femme qui réunit tous les charmes de l'être idéal que rêvait son imagination et en devient éperdument épris. Par une singulière bizarrerie, l'image chérie ne se présente jamais à l'esprit de l'artiste que liée à une pensée musicale dans laquelle il trouve un certain caractère passionné, mais noble et timide comme celui qu'il prête à l'objet aimé. » La trame harmonique de ce début est savante et compliquée; la mélodie de la femme aimée s'en détache vivement, comme le trait incisif de l'amour dardé au milieu des rêveries de l'adolescence. L'insistance avec laquelle revient ce motif, interrompu par des accès de joie sans raison, la manière dont il se développe et grandit jusqu'à la passion délirante avec des mouvemens de fureur, de jalousie et des retours de tendresse sont déjà caractéristiques du génie de Berlioz. Beethoven, cet Homère de la symphonie chez qui l'on trouve tout, a inventé ce mode de développement d'un motif très simple qui en s'élargissant prend tout à coup des proportions immenses. Comme en beaucoup de choses, Berlioz et Wagner ne sont en cela que ses disciples. Mais le procédé est si fécond qu'il laisse place à toutes les originalités; il reproduit le procédé même de la vie, qui part toujours de l'évolution d'un germe; il est inépuisable et infini comme l'âme dans son éternel devenir.

La Scène aux champs nous fait assister à l'un de ces dialogues intimes de l'âme avec la nature qui sont un des thèmes favoris de la poésie moderne. Deux pâtres se répondent de loin de leurs chalumeaux, et ces notes errantes, mêlées au bruissement des arbres doucement agités par la brise, évoquent devant l'esprit un panorama alpestre d'une fraîcheur et d'une largeur admirables. Quelle transparence de l'air ! Quels vastes espaces ! Quels silences éloquens entre les échos lointains de la rustique cantilène! On sent que des abîmes séparent les deux pâtres, et pourtant comme leurs chalumeaux causent paisiblement de montagne à montagne! À ces accens un calme inaccoutumé descend dans l'âme du pauvre voyageur. Il s'abandonne à son rêve mêlé de crainte et d'espoir. Le jour baisse; l'un des pâtres reprend sa mélodie,.. mais l'autre ne répond plus. Un formidable roulement de tonnerre remplit plusieurs fois l'immensité de la solitude assombrie. C'est la seule réponse à l'inquiète question de l'âme ; enfin tout se tait. Cette fin saisissante est d'un poète et d'un poète de génie.

Le noir pressentiment se réalise. L'amant trompé rêve qu'il a tué celle qu'il aimait, qu'il est condamné, conduit au supplice et qu'il assiste à sa propre exécution. Le cortège s'avance aux sons d'une marche sombre et farouche, où se peint à la fois le défi haineux du condamné et la joie insultante de la foule. L'idée fixe reparaît comme une dernière pensée d'amour. Mais un coup sourd l'interrompt ; la tête a roulé sous le couteau. — L'idée de faire d'une hallucination le sujet d'une peinture musicale est une idée bizarre. Plus bizarre encore est ce qui suit. Le mort se réveille à la *Ronde du sabbat.* Ici l'imagination romantique de Berlioz se lâche à fond de train. L'orchestre imitatif siffle, ricane, aboie et mime une troupe affreuse d'ombres, de sorciers, de monstres de toute espèce réunis pour les funérailles du meurtrier par amour. Aux gémissemens répondent des éclats de rire. La mélodie reparaît, non plus noble et timide, mais dans un travestissement burlesque, avec des fioritures provocantes, des entrechats qui lui donnent l'allure d'un air de danse trivial. C'est elle qui revient au sabbat en sorcière. À cette transformation inattendue, on éprouve la sensation désagréable qu'on aurait en voyant une jeune fille charmante changée tout à coup en courtisane impudique. C'est l'amant furieux qui traîne son idéal déchu au sabbat et le bafoue. Le supplicié devient bourreau à son tour. Un rugissement de joie accueille cette apparition ; elle se mêle à l'orgie diabolique. Alors la cloche du supplice, la danse du sabbat et le *Dies iræ* s'unissent dans une ronde tourbillonnante, où l'enfer déchaîné hurle et parodie le ciel. Dans cette œuvre le charmant et le beau se heurtent au grotesque, sans arrivera produire les sublime. Elle nous laisse sous une impression profondément discordante. Mais le tableau est puissant ; on y sent la griffe d'un maître. L'art qui mène à l'harmonie est bien supérieur à celui qui conclut par une dissonance. Mais lorsqu'un artiste peint une maladie de l'âme avec cette vigueur de touche, il faut s'incliner. Jamais le cauchemar de l'amour malheureux n'a été rendu avec cette énergie.

La symphonie de *Roméo et Juliette*, éclose « sous ce chaud soleil d'amour qu'alluma Shakspeare, » nous transporte dans une sphère plus élevée. Dans les œuvres de Berlioz, il n'en est pas de plus inspirée. Cette riche floraison mélodique semble vraiment couvée par l'ardent soleil, complice de tant de passions et fécondateur de tant de cerveaux d'artistes et de poètes. On y respire la volupté des nuits qu'embaume la fleur d'oranger et que peuplent des myriades de lucioles. Enfin, elle est comme traversée d'un bout à l'autre par un génie flamboyant, par « cet amour prompt comme la pensée, brûlant comme la lave, impérieux, irrésistible, immense, et pur et beau comme le sourire des anges » qu'ont invoqué tous les poètes, mais qui n'est connu que des âmes très passionnées et très conscientes. Nous n'analyserons pas ce chef-d'œuvre. Il est des choses qu'il faut goûter en silence pour les comprendre et les honorer. Rappelons seulement ces deux merveilles intitulées : Tristesse de Roméo et Fête chez Capulet. D'abord, l'amour seul en face de lui-même qui essaie de se mesurer et n'arrive pas à toucher son propre fond ; et puis, ce même amour perdu au milieu d'une fête étourdissante : le contraste de l'âme et du monde. Berlioz a donné à ce morceau un coloris riche, fou et cependant harmonieux sous le scintillement instrumental qui lui est propre. Dans ce bal masqué la soie ruisselle, les bijoux reluisent, les yeux ironiques chatoient derrière les loups de satin bleu et rose, les conversations bruissent, les rires éclatent dans une folie carnavalesque. Par un trait de génie, au plus fort de la fête, le compositeur a ramené en *fortissimo* avec les cuivres le motif suave de la tristesse de Roméo, comme si la joie de la foule lui donnait soudain une acuité terrible. Avez-vous remarqué à côté d'elle ce gémissement chromatique des contrebasses descendantes, qui nous fait penser à Tybalt furieux, tournant comme une bête fauve autour de Roméo perdu dans sa pensée d'amour, comme devant une fleur merveilleuse dont le parfum remplit l'univers? Folie du monde, haine mortelle et mortel amour éclatent, rugissent et chantent à la fois d'une voix distincte dans ces harmonies étonnantes. La symphonie atteint l'intensité du drame. C'est la vie irritée à son comble et qui déborde.

Décidément Berlioz doit à Henriette Smithson et à Shakspeare ses plus belles pages, les plus tendres et les plus passionnées. Nous venons d'écouter le musicien sur ce thème auquel il revient bien des fois. Écoutons un instant encore l'écrivain. Car il le fut et de premier ordre, à ses heures, quoique toujours capricieux et un peu saccadé. Voilà ce que Berlioz disait sur le tard, en parlant des deux amours qui dominèrent tour à tour sa vie orageuse. Ah ! ce n'est plus la fleur du printemps, c'est la feuille d'automne qui tombe. Ce retour mélancolique sonne comme un dernier adieu à la jeunesse, comme un regret douloureux. « Estelle, dit-il, fut la rose qui a fleuri dans l'isolement (*last rose of summer*) ; Henriette fut la harpe mêlée à tous mes concerts, à mes joies, à mes tristesses, et dont, hélas ! j'ai brisé bien des cordes. »

Pour donner une idée complète de Berlioz comme symphoniste, il nous reste à dire quelques mots de *la Damnation de Faust*, l'œuvre de sa maturité. Il écrivit la légende pendant son voyage en Hongrie, en chaise de poste, le long des routes, sur la table des auberges. La musique, d'une sève abondante, d'un éclat varié, est toute trempée d'impressions originales. Tel passage d'orchestre rappelle si bien les recoins sombres d'une vieille ville allemande aux toits pointus, qu'on croit se promener dans Nuremberg en le suivant. Il y a aussi une fugue sur le mot *Amen* qui reproduit la grosse gaîté des étudians tudesques avec une fine pointe d'ironie. Dans le rôle de Méphistophélès, Berlioz a pu donner carrière à sa verve satirique, à ses accès de bouffonnerie infernale. En somme, le maître français a traité le chef-d'œuvre de la poésie allemande avec une grande liberté, mais sans le rapetisser. Le grand souffle de la légende immortalisée par Goethe a passé sur ces pages. Se laissant aller à la pente de sa nature, le musicien a pour ainsi dire effacé les saillies dramatiques du poème, qui sont l'évocation du diable, la séduction et la mort de Marguerite, pour s'étendre tout à son aise sur la partie lyrique et pittoresque. Ne nous en plaignons pas, car les beautés d'un charme enveloppant et grandiose se succèdent depuis le chœur de la résurrection jusqu'au songe de Faust et à cette belle invocation : « Nature immense, impénétrable et fière. » Quant à la conception générale du sujet, il n'est pas sans intérêt de la comparer à celle de Goethe et d'en marquer la différence. Elle nous ramène à la grande question du trouble religieux et philosophique, qui, nous l'avons dit, ne fut pas étrangère à l'esprit du musicien. Goethe a fait du docteur Faust ce type de l'homme moderne, qui, rejetant la foi traditionnelle, cherche la vérité par ses propres lumières. Il a pour compère et pour antipode Méphistophélès, l'esprit du mal, le roi du monde et des mondains. Sa philosophie est la négation, la quintessence du roué et du sceptique, le génie de Mammon et de Satan mondanisé. Le hardi docteur propose au diable une gageure qui est le véritable nœud de la pièce. Faust sent en lui un désir si infini qu'il défie le démon et lui promet son âme à tout jamais s'il parvient à combler son cœur un seul instant, Méphisto se croit sur de son fait ; il accepte. Après avoir parcouru le cercle des joies et des ambitions terrestres : l'amour, la politique, l'art, Faust trouve le bonheur suprême en travaillant pour ses semblables, pour ses compagnons de lutte. Ce n'est pas le démon, c'est Dieu, c'est la divine sympathie qui a finalement apaisé son cœur. Le diable est joué, et Faust entre au ciel, un ciel d'un genre nouveau, qui s'étage vers les hauts sommets d'une planète plus avancée, aux rayons d'un soleil plus puissant. Près des cimes éthérées nous retrouvons les saints du christianisme dans leur plus haute activité et la Vierge bienheureuse, la *Mater gloriosa*, y représente la femme dans sa pureté et sa splendeur. Si Faust monte si haut et se transfigure dans cet autre monde, c'est par la rédemption de l'amour vrai, par l'âme de Marguerite, par celle qui l'aima malgré tout et jusqu'à la mort.

Cette fin inventée par Goethe est une libre interprétation de la légende, un élargissement de l'idéal chrétien selon une foi religieuse et philosophique que le poète s'est créée lui-même. Berlioz, nous l'avons vu, est un pessimiste et un incrédule. Il ne s'en cache pas ; mais comme beaucoup d'athées qui le sont par paresse d'esprit ou par dégoût de l'existence, il a de ces retours de foi instinctifs qui surgissent du fond de l'âme humaine. Mais alors, ce n'est pas comme chez Goethe une haute vue métaphysique, ce n'est pas comme chez Beethoven un élan sublime d'énergie et de foi personnelle. Il revient à la foi naïve de son enfance ; elle lui tend son doux oreiller et il y couche pour un instant sa tête fatiguée. « Je fus élevé, nous dit-il, dans la foi catholique, apostolique et romaine. Cette religion charmante, depuis qu'elle ne brûle plus personne, a fait mon bonheur pendant sept années entières ; et, bien que nous soyons brouillés ensemble depuis longtemps, j'en ai toujours conservé un souvenir fort tendre. Elle m'est si sympathique, d'ailleurs, que si j'avais eu le malheur de naître au sein d'un de ces schismes éclos sous la lourde main de Luther ou de Calvin, à coup sûr, au premier instant de sens poétique et de loisir, je me fusse hâté d'en faire abjuration solennelle pour embrasser la belle romaine de tout mon cœur. »

Est-ce besoin du cœur ou simple jeu d'imagination? Il y a des deux peut-être. *La Damnation de Faust* se ressent de ce tour d'esprit. Au lieu de monter vers le ciel, le docteur est tout bonnement emporté par le diable comme dans la légende du XVIe siècle. La pensée est inférieure à celle de Goethe. Mais cette course à l'abîme, échevelée, sur un rythme de triple galop et ce formidable plongeon dans le gouffre de flammes au milieu d'un chœur satanique, tout cela est empoignant, irrésistible. Et lorsque l'enfer a saisi sa proie et cesse de mugir aux profondeurs, quelle surprise délicieuse! Comme on respire à cette douce et majestueuse remontée vers le ciel ! Des voix féminines d'anges résonnent pour demander le pardon de Marguerite : « Elle a beaucoup aimé, Seigneur ! » Et à ce chœur d'une tendresse virginale : « Remonte au ciel, âme naïve et pure ! » il nous semble entrevoir à travers des rangées de harpes séraphiques comme une blanche fumée d'âmes bienheureuses qui émergent dans le cercle lumineux sous l'hosanna des phalanges célestes. Berlioz n'a pas donné de preuve plus éclatante de la puissance et de la grandeur de son imagination.

IV.

Le troisième grand nom qui défraie le plus souvent les programmes des concerts du dimanche est celui de Richard Wagner. Les fragmens symphoniques de ses opéras, qui avaient le don d'exciter autrefois les contradictions les plus violentes, sont accueillis aujourd'hui par le public des concerts avec une curiosité ardente et applaudies avec cette passion vive et généreuse pour des choses nouvelles qui est un des traits saillans de notre tempérament national. L'opposition qu'ont rencontrée pendant longtemps les œuvres de ce musicien tient moins aux étrangetés de sa musique qu'aux aspérités de son caractère et à l'outrecuidance d'un orgueil qui voulait s'imposer partout en maître. Beaucoup de personnes n'ont pu lui pardonner ses incartades gratuites, ses rodomontades ultra-tudesques contre la France. Elles ont raison, et nous sommes du nombre. Mais une fois l'homme jugé, devons-nous ignorer à jamais l'artiste et ses créations? Le patriotisme aveugle risque d'aller à contre-fin ; il lui arrive par exemple de bâtir un nouveau mur là où il faudrait peut-être percer une fenêtre. Il faut en prendre notre parti, la nature a tous les caprices. Elle a voulu pour une fois associer un génie exceptionnel avec un parfait Teuton. Richard Wagner est mort, et son œuvre débarrassée de sa personnalité irritante, s'impose désormais toute seule à l'attention. Le temps, ce souverain justicier des choses, ramènera ses prétentions démesurées à leur juste valeur; et le moment n'est pas éloigné où l'on jugera de sang-froid, *sine ira et studio*, et ses dernières créations et sa tentative de réforme théâtrale. Tel n'est pas cependant notre dessein. Laissant de côté le poète, le penseur, le dramaturge et l'*impresario* d'un théâtre personnel, — car il y avait de tout cela dans cet homme étrange, plein de petitesses morales et de grandeurs intellectuelles, — nous nous bornerons à caractériser d'un crayon rapide le symphoniste que les concerts du dimanche nous ont fait connaître.

L'ouverture dramatique créée par Gluck fut portée par Beethoven à son plein développement. Cette forme de la symphonie servant d'introduction à un drame ou à un opéra marque à vrai dire le premier pas vers le poème symphonique, devenu un des genres favoris de notre époque. Car si, d'une part, l'ouverture dramatique sert d'introduction au drame, de l'autre elle se soutient, elle s'explique par elle-même et peut s'exécuter séparément sans rien perdre de sa force persuasive. On ne sera jamais plus clair, plus poignant, plus grandiose que Beethoven l'a été dans la splendide et incomparable ouverture de *Léonore*, voire dans celle d'*Egmont* et de *Coriolan*. Sous ce rapport, Wagner n'a fait que marcher à la file de ses prédécesseurs, mais il a imprimé à ses ouvertures comme à ses morceaux d'ensemble la couleur particulière de son esprit. Comme dans Berlioz, on trouve chez lui l'extrême intensité du coloris instrumental, l'énergie stridente de l'expression plastique et pittoresque. Ce qui nous frappe ensuite comme un trait original et tout à fait personnel, c'est, d'une part, un sensualisme violent, effréné; de l'autre, un mysticisme transcendant qui s'élève à des hauteurs incommensurables. Autre particularité : tandis qu'il déchaîne des élémens furieux dans son orchestre, on sent toujours une pensée maîtresse planer sur l'ensemble. Après avoir lâché les passions, il les terrasse ou les magnétise en dompteur habile, en maître magicien. Dramatiste expert dans le savant *crescendo* de ses effets, il ne perd jamais de vue son but, et lancé dans les tempêtes, il vire toujours au phare de l'idée. Chez Beethoven, l'unité résulte de la plénitude et de la continuité de l'enthousiasme ; elle est le mode naturel de cette âme passionnée, mais divinement harmonieuse. En Wagner, elle provient de la domination hautaine de l'intellect sur des passions sauvages. Quelques exemples rendront ces observations plus sensibles. Voulez-vous une impression frappante du tempérament et de la nature de Wagner? Écoutez l'ouverture du *Tannhäuser*. Ce morceau est si connu aujourd'hui, qu'en rappeler le sujet nous paraît superflu. Mais pour mettre en lumière le procédé caractéristique de cette composition, nous citerons quelques passages de la remarquable analyse que Liszt en a donnée dans une brochure française publiée en 1851 à Leipzig. « D'abord le motif religieux apparaît calme, profond; à lentes palpitations, comme l'instinct du plus beau, du plus grand de nos sentimens, mais il est submergé peu à peu par les insinuantes modulations de voix pleines d'énervantes langueurs, d'assoupissantes délices, quoique fébriles et agitées : agaçant mélange de volupté et d'inquiétude. La voix de Tannhäuser, celle de Vénus, s'élèvent au-dessus de ces flots écumans et bouillonnans, qui montent incessamment. Ces appels des sirènes et des bacchantes deviennent toujours plus hauts et plus impérieux. L'agitation atteint à son comble; elle ne laisse aucune corde silencieuse; elle fait résonner chaque fibre de notre être. Ces notes vibrantes et haletantes tantôt gémissent, tantôt commandent dans une alternative désordonnée, jusqu'à ce que l'immense aspiration de l'infini, le thème religieux, revienne graduellement, s'empare de tous ces sons, de tous ces timbres, les fonde dans une suprême harmonie, et déploie dans toute leur vaste envergure les ailes d'un hymne triomphal. » Passant ensuite aux détails techniques de la composition et de l'instrumentation, Liszt caractérise la manière incisive dont Wagner a rendu les attractions lascives du Venusberg : ces figures ascendantes des violens à l'aigu, brodées sur un tissu de trilles et de trémolos qui se perdent et se retrouvent en enlacemens inextricables, ces susurrennens accentués de légers coups de cymbale qui peignent les vertiges de la sensualité, ses éblouissemens prismatiques. « Il y a des notes qui sifflent à l'oreille comme certains regards chatoient à la vue : longues, désarmantes, perfides ! Sous le velouté de leur artificielle douceur on saisit des intonations despotiques, on sent trembler la colère. Çà et là des *mordantes* de violon s'échappent de l'archet comme des étincelles phosphoriques. Le retour des cymbales nous imprime un ébranlement, comme le lointain écho d'une orgie devenue sauvage. Il y a des accords d'un frénétique enivrement qui nous rappellent que les Cléopâtre ne trouvaient pas leurs fêtes déparées par la cruauté. Avec les ménades et leurs rondes fougueuses, la volupté arrive à sa dernière puissance. » Après un pareil déchaînement, le triomphe du motif religieux n'était pas facile. Il risquait de paraître froid, sec et aride, de venir comme une négation après une félicité. L'interprète, également versé dans la science du monde et dans celle de l'église, nous fait toucher du doigt l'art qu'a mis le compositeur à préparer cette victoire un peu moins difficile que celle de saint Antoine, mais cependant très remarquable. « Le motif saint, dit l'abbé Liszt, ne se dresse point comme un rude maître, imposant durement silence aux licencieux chuchotemens qui grouillent en cet autre de joies terribles. Il ne reste point sombre et isolé en leur présence. Il arrive limpide et doux, pour s'emparer de toutes les cordes dont la résonnance est une si charmante amorce ; il les saisit une à une, quoiqu'elles se disputent à lui avec un acharnement désespéré. Mais toujours calme et placide, il étend son domaine malgré ces résistances, en transformant, en s'assimilant les élémens contraires. Les masses des tons ardens se détachent en débris, qui forment des discordances toujours plus pénibles, jusqu'à ce qu'elles deviennent répulsion comme des parfums en décomposition, et que nous les voyions avec bonheur se fondre dans l'auguste magnificence du cantique, qui emporte toute notre âme, tout notre être dans un océan de gloire. »

On ne saurait mieux peindre l'ouverture typique de Richard Wagner, qui met aux prises les deux forces de cette étrange nature. L'élément spirituel apparaît seul dans le prélude de *Lohengrin*. Les premières mesures des violens, qui chantent *pianissimo* le thème du Saint-Graal dans les notes suraiguës de leur registre, nous enlèvent aux plus hautes régions du mysticisme. La suave mélodie s'étend comme la nappe dormante, azurée d'un éther sans bornes, et l'âme débarrassée de tout poids terrestre y flotte dans une chaste et intense félicité. C'est, au physique, le genre d'ivresse qui nous prend sur les hautes cimes des Alpes; c'est au moral ce que les ascètes racontent de l'état extatique, où le *moi expire* : un sentiment de solitude immense et d'amour infini. Mais à mesure que cette mélodie d'une fluidité merveilleuse descend d'octave en octave, et passe en élargissant ses ondes des instrumens à cordes aux instrumens à vent, il nous semble que l'âme descend avec elle de ses hauteurs vertigineuses vers les régions terrestres dans une atmosphère toujours plus brûlante. Lorsque enfin les cuivres font retentir la mélodie avec un éclat fulgurant, n'est-ce pas une âme sublime qui se révèle et se communique dans son amour surhumain comme par une irradiation de tendresse et de flamme? — Mais l'apparition ne peut durer qu'un instant; elle se voile aussitôt et remonte avec un doux sourire, avec un adieu d'une indicible tristesse dans l'éther inaccessible d'où elle est venue et où elle retourne à jamais. Le rêve se termine comme il a commencé, dans l'azur, dans l'infini. Ce qu'il y a d'extraordinaire dans ce prélude, c'est qu'en développant le sens visionnaire, il nous identifie avec la vision. C'est le phénomène de l'extase musicalement réalisé. Quant au nuancement instrumental de ce morceau, il est d'un fondu, d'une délicatesse uniques. Il va des tendres couleurs de l'opale et du saphir au jaune ardent, aux blancheurs éblouissantes de la lumière. On a souvent imité cet effet, mais sans l'atteindre.

La Chevauchée des Walkures nous transporte, au contraire, sur les âpres sommets du mythe scandinave sous le ciel sombre de la Germanie primitive. Le tableau scénique qui accompagne ce morceau au troisième acte de la Walkure est d'une singulière hardiesse. Cependant on peut le voir réalisé aujourd'hui sur un grand nombre de scènes allemandes. La cime d'une montagne qui finit en pointe de rochers se dresse dans le ciel. C'est le rendez-vous des neuf Walkures, des filles d'Odin, qui emportent pendus en travers, sur la selle de leurs chevaux, les héros tués dans la bataille. Le vent siffle, des volées de nuages chassés par l'ouragan traversent les airs et rasent la crête des monts. Dans leurs plis apparaissent une à une les filles d'Odin chevauchant leurs coursiers sur les ailes de la tempête. On les voit se précipiter à droite dans une forêt de sapins; elles y laissent leurs folles montures et viennent se camper l'une après l'autre sur le roc abrupt. De là-haut les premières venues appellent les dernières en poussant leur cri de ralliement : « loho-tohé! » Et d'en haut, d'en bas, de l'air et de l'abîme se répondent leurs clameurs. Le morceau symphonique qui accompagne cette scène a pour motif principal une fanfare à l'unisson d'un accent sauvage et fier, modulant du mineur au majeur sur un accompagnement de trilles multipliés à toutes les octaves et sur une figure des instrumens à cordes imitant un galop soutenu. Cette musique, où des rires joyeux percent la tempête, donne la sensation violente des temps héroïques de la Germanie légendaire; elle respire le fer, la joie et l'ouragan.

La *Marche funèbre de Siegfried* est empreinte de la teinte fatale particulière à la vieille poésie du Nord. La récente et brillante exécution de ce fragment, par M. Lamoureux, aux concerts du Château-d'Eau, a vivement impressionné le public par son caractère sombre et grandiose. Siegfried vient d'être tué traîtreusement par Hagen. Ses compagnons placent son corps sur son bouclier et l'emportent. Pendant ce temps, l'orchestre joue une marche courte, mais saisissante, qui rappelle en quelques mesures la vie du héros, sorte d'oraison funèbre concentrée et très originale. Les motifs majestueux qui se succèdent rapidement sont ceux-là mêmes qui ont marqué les points lumineux de la carrière semi-humaine, semi-divine de Siegfried dans le cours du drame. Après chacun d'eux, l'orchestre tout entier frappe en *fortissimo* sur le rythme d'un tambour funèbre quelques accords plaqués, haletans, terribles. C'est le coup de la mort qui a foudroyé le héros et qui se répète avec un retentissement formidable à chaque pause de ce prodigieux ressouvenir. Et la puissante mélopée reprend en pleurant son récit. Mais tout à coup éclate la fanfare qui rappelle les amours triomphans de Siegfried et de Brunehilde. Ici le fracas des cuivres atteint l'intensité du rayonnement solaire et perce la moelle des os. Il semble un instant qu'on revoie le héros aux cheveux d'or et la fille des dieux sortir comme deux soleils de gloire de leur sombre caverne après leur première nuit de noces... Mais le tambour roule ; l'orchestre retombe sur son gémissement, et nous ne voyons plus qu'un cadavre emporté sur un brancard au clair de lune. Le héros a disparu dans la nuit éternelle.

Faut-il résumer en quelques mots les caractères généraux de la musique de Wagner? Elle surprend par un mélange de séductions insinuantes et d'accens aigus, violens, d'une puissance extraordinaire. On y retrouve la nature septentrionale, germanique et barbare avec tous ses instincts, mais idéalisée par une sensibilité d'artiste raffiné et toujours gouvernée par une pensée métaphysique. En somme, elle étonne plus qu'elle n'attendrit; elle passionne, excite, exalte, mais sans donner le grand apaisement. Sous toutes ses splendeurs, elle garde quelque chose d'amer et d'inconsolé. Quant à sa structure et à son essence, elle se distingue par l'énergie et le mouvement dramatique et par le génie légendaire. Nous entendons par le génie légendaire cet art de révéler et de dramatiser le monde intérieur, et de le condenser, en un tableau merveilleux qui revêt alors la forme d'un au-delà enchanteur vers lequel le désir s'élance avec une force redoublée. Telles sont les ouvertures du *Vaisseau-fantôme* et du *Tannhäuser*, mais plus encore cet admirable prélude de *Lohengrin* qui ressemble à une échappée sur un monde supérieur.

V.

Il n'entre pas dans notre dessein de faire une étude même sommaire de la jeune école française qui a pris une place importante et obtient un succès légitime aux concerts du dimanche. Cette école procède en partie de Berlioz, qui a donné à la nouvelle génération le goût de la musique descriptive, en partie de M. Gounod, dont la mesure, la clarté, la grâce souple, correspondent plus particulièrement aux qualités dominantes de l'esprit français. La science accomplie et le pittoresque spirituel de M. Saint-Saëns, la note attendrie et souvent passionnée de M. Massenet, la fougue provençale et le coloris espagnol du regretté Bizet; MM. Reyer, Léo Delibes, Guiraud, Lalo et plusieurs autres nous offriraient une riche galerie de talens remarquables et d'inspirations diverses. Nous devons nous contenter d'une observation toute générale. Si quelque chose manque à nos jeunes musiciens, ce n'est pas la science musicale et la pratique des procédés, c'est plutôt la passion et la pensée, sans lesquelles il ne se fait rien de grand. De leurs efforts louables nous n'avons pas vu encore se dégager une individualité puissante ayant un idéal clairement défini et le poursuivant avec constance. Ce n'est pas nous qui pouvons leur donner une leçon. En fait d'art, les bons conseils ne viennent que de l'étude des maîtres et les bonnes idées que de l'inspiration. Mais il est une vérité qui ressort clairement du coup d'œil rapide que nous avons donné aux grands maîtres symphonistes de ce siècle : c'est que la musique, même considérée en dehors du théâtre, s'est puissamment rapprochée de la poésie en élargissant son cadre et en plaçant son but plus haut. Après Beethoven, après Berlioz, après Wagner, il ne suffit plus d'être un grand musicien pour être un grand symphoniste; il faut encore, sinon être un vrai poète, du moins posséder un sentiment poétique vivace et original. Une chose nous frappe encore dans les maîtres susdits : leur haute culture intellectuelle, leur préoccupation constante des grands problèmes de l'esprit humain. Telle est la leçon la plus évidente et la plus salutaire qui ressorte de leurs œuvres pour nos musiciens présens et futurs.

Et pour nous, qui sommes le public, n'est-il pas aussi un enseignement à tirer de cette institution des concerts du dimanche qui fait partie désormais de nos mœurs? Sûrement, la musique parle là son vrai langage, et ce qu'elle nous confie est très différent de ce qu'elle nous dit ailleurs. Sa grande voix nous apprend que l'humanité, sous les apparences d'un matérialisme universel, est pleine encore d'aspirations spiritualistes et idéales, souvent incertaines, mais non moins vives. Car la musique vient du plus profond de l'homme, elle sort du mystère de l'inconscient, elle nous parle de ce monde intérieur qui est la suprême réalité, et déchirant le voile du monde visible, elle nous introduit dans son immense au-delà. Les visions qu'elle évoque, ce n'est pas elle qui les invente, c'est nous qui les créons sous ses sublimes incantations; elles font partie de nous comme des puissances innées. La musique, cette sœur mystérieuse de l'âme et de l'amour, a cela de beau qu'elle ne peut longtemps se complaire dans les basses régions. L'essor naturel de ses ailes l'emporte vers l'infini. Il faut donc voir dans la popularité croissante de la grande musique un des phénomènes les plus remarquables de notre époque. A ne considérer notre temps qu'à la surface, il semble voué irrévocablement aux forces régnantes du positivisme et du matérialisme. Le progrès prodigieux des sciences exactes et l'immense développement de l'industrie ont tout envahi. Le théâtre se nourrit à peu près de ce que lui offre la vie mondaine et paraît vouloir se réduire à une sorte de chirurgie sociale. La littérature s'est jetée dans une observation minutieuse du réel ou dans un naturalisme grossier; la peinture butine et s'amuse sur ses traces. Mais entrez le dimanche, à deux heures, dans une de ces grandes salles de concert, voyez cette foule avide non de divertissement, mais d'édification, joyeuse d'échapper à elle-même et de boire pour quelques heures à la coupe des songes; étudiez son recueillement, son absorption profonde, ses ravissemens pendant qu'on joue la *Neuvième Symphonie* de Beethoven ou tel chef-d'œuvre de notre grand Berlioz; voyez avec quelle passion elle les applaudit et les redemande, et vous direz : Non, Ariel n'est pas mort. Il n'est invisible que parce que Prospero a cessé de croire en lui! L'idéal est plus vivant que jamais, car la foule en a soif.

Quelques-uns craignent que la musique n'absorbe désormais tous les besoins idéalistes de l'humanité, et que les autres arts ne pâtissent de sa fortune en retombant dans le terre-à-terre d'un réalisme de plus en plus servile. Nous n'en croyons pas un mot. Il y a une solidarité profonde entre toutes les facultés humaines, un besoin invincible d'unité dans notre nature, qui triomphe toujours à la longue.

Si nous avons bien compris les nobles accens du génie de la musique, il parle au philosophe d'un monde supérieur, au poète de la terre promise de son rêve, à tous d'un idéal plus large que celui du passé, fondé sur toutes les conquêtes de la race aryenne et sur l'âme même du christianisme. L'horizon est noir, de grandes luttes nous attendent encore, mais nous ne désespérons de rien. Le XIXe siècle, parti de très haut, est descendu dans une vallée profonde ; mais parvenu à la fin de sa carrière, il atteindra peut-être un sommet d'où il apercevra l'aurore d'un jour nouveau.

EDOUARD SCHURE.

1. ↑ Voir le livre qui vient de paraître sur Beethoven, sa vie et son œuvre, par M. Victor Wilder (Paris, Charpentier). Il résume tous les documens qui ont paru en Allemagne sur la vie du maître.